AF337614

Qu'est-ce que

LE

PLEBISCITE ?

20 centimes

PARIS

IMP. CH. SCHILLER, 10, FAUBOURG MONTMARTRE.

—

1870

Qu'est-ce que

LE PLÉBISCITE?

Une conversation d'électeurs.

Trois électeurs causent du *Plébiscite;* tous trois sont d'un avis différent.

L'un votera OUI.

L'autre dira NON.

Le dernier S'ABSTIENDRA.

Le premier est un bon père de famille, brave à l'ouvrage et qui, à la force de ses bras, a gagné un peu de bien; il vit paisible et heureux au milieu de sa famille; il est content comme tous ceux qui n'ont rien à se reprocher; tous ses voisins l'aiment; on l'appelle *Pierre Bonhomme.* — C'est lui qui est bien décidé à voter OUI.

Le second des électeurs qui causent en-
semble a du bien aussi; mais il travaille
moins que le premier; il est même un peu
paresseux, et si son père en mourant ne lui
avait rien laissé, ce n'est certes pas lui qui
aurait amassé quelque chose. Il est insou-
ciant, parcequ'il est paresseux; pourvu
qu'il mange, qu'il boive et qu'il dorme tout
son saoul, le reste lui est bien égal; il ne
s'inquiète de rien; on l'a surnommé *Jacques
Ça M'est Egal.* — Il ne s'occupe pas du tout
du *Plébiscite* et dit qu'il s'ABSTIENDRA.

Quant au troisième électeur, c'est autre
chose; il est connu dans tous le pays sous
le nom de *Jean le Malin.* C'est un assez
mauvais gas qui a vu du pays, puis qui est
revenu; il se croit pour cela plus malin que
les autres; la vérité est qu'il est plus mé-
chant; il n'aime pas bien à payer ce qu'il
doit; il est jaloux de ceux qui sont à l'aise;
il est mal avec tout le monde, avec le maire,
avec le curé, avec les fermiers, avec le
garde champêtre qui souvent le trouve à
boire après l'heure; il lit des journaux qui

disent du mal de tout et ne respectent rien, pas même le bon Dieu; on lui parle parce qu'au village on parle à tout le monde, mais on aime mieux le voir loin que près de soi. *Jean le Malin* dit à tout le monde qu'il votera NON.

Ces trois hommes réunis par hasard causent du *Plébiscite*.

C'est *Jean le Malin* qui a commencé; écoutons ce qu'ils disent.

JEAN LE MALIN. — Eh bien nous allons donc renverser le gouvernement de l'Empereur; tant mieux, il y assez longtemps qu'il dure.

PIERRE BONHOMME. — Pourquoi dites-vous que vous allez renverser le gouvernement? Il n'est pas du tout question de cela.

JEAN LE MALIN. — Nous le renverserons en votant *non* au *Plébiscite*, n'est-il pas vrai, mon voisin *Jacques Ça M'est Egal?*

JACQUES ÇA M'EST EGAL. — Je n'en sais rien. Le *Plébiscite*, je ne sais même pas ce que c'est. Ça m'est bien égal.

JEAN LE MALIN.— Hé bien, c'est l'Empereur qui nous demande si nous sommes contents de lui.

PIERRE BONHOMME. — Ce n'est pas cela du tout.

JEAN LE MALIN. — Qu'est-ce donc alors ?

PIERRE BONHOMME. — C'est l'Empereur qui change sa manière de gouverner; il veut arriver ainsi peu à peu, en diminuant les charges, à ce que nous vivions plus à l'aise, et il nous demande si cela nous convient.

JEAN LE MALIN. — C'est autre chose alors et je peux dire que si l'Empereur veut changer maintenaut, c'est qu'il avoue qu'il a mal fait jusqu'à présent. Est-ce vrai, voisin *Jacques Ça M'est Egal?*

JACQUES ÇA M'EST EGAL.—Je ne m'occupe pas de tout cela, moi, cela ne m'empêchera ni de manger ni de dormir, n'est-ce pas ? Hé bien alors, cela m'est parfaitement égal; si l'Empereur a mal fait jusqu'à présent, je ne m'en suis pas aperçu.

PIERRE BONHOMME. — L'Empereur n'a pas mal fait,

Jean le Malin. — Alors, pourquoi change-t-il ?

Pierre Bonhomme. — Je vais vous donner un exemple : Je suppose que vous preniez une ferme en mauvais état, avec des terres mal cultivées et que vous essayiez de tout rétablir pour avoir les plus belles récoltes du pays. Est-ce la première année que vous réussirez ? Est-ce que vous ne devrez pas faire vingt changements avant que les choses aillent tout à fait bien ?

Jean le Malin. — C'est vrai.

Pierre Bonhomme. — Eh bien, l'Empereur c'est le fermier, et sa ferme c'est la France qu'il a reçue en très mauvais état, abîmée par les révolutions et les troubles ; jamais ceux qui ont régné avant lui n'avaient eu le temps de tout remettre en ordre ; jamais ils n'avaient pu faire taire les mauvaises gens, les meneurs qui finissaient toujours par faire des révolutions ; l'Empereur, au contraire, qui depuis vingt-deux ans est le chef de la France, l'Empereur qui depuis cent ans est le souverain qui a le plus longtemps régné, a eu le temps de tout préparer ; il veut maintenant que tout les Français profitent de ses efforts et il leur demande si les avantages qu'il leur offre, *les prochaines diminutions d'impôts* sont de leur goût. Voilà ce que c'est que le *Plébiscite* du 8 mai prochain ; la France ne sera plus qu'une grande société où chaque membre, chaque électeur a sa voix pour dire *oui* ou *non*. Si nous disons *non* l'Empereur ne devra pas se retirer pour cela ; il eu sera quitte pour laisser les choses comme elles sont aujourd'hui sans plus chercher à améliorer le bien-être des Français. Mais cela n'arrivera pas, car tous nous dirons **OUI**.

JEAN LE MALIN. — Et pourquoi donc ?

PIERRE BONHOMME. — Parce que les choses qu'il nous offre sont bonnes.

JEAN LE MALIN. — Et que nous offre-t-il donc ?

PIERRE BONHOMME. — Des réformes libérales.

Jean le Malin. — Qu'est-ce que c'est que cela ?

Pierre Bonhomme. — C'est laisser la France gouvernée par tous les Français ; l'Empereur ne sera plus que comme le maire de toute la France, qui ne sera qu'une grande commune ; l'Empereur ne fera plus rien sans l'avis de nos députés qui prendront le nôtre, et, comme je vous le disais tout-à-l'heure, la France ne sera plus qu'une grande société, une grande famille où tout le monde s'entendra ; il n'y aura plus de tiraillements et de révolutions intérieures, qui finissent toujours par amener la guerre et attirer l'ennemi, les étrangers qui sont jaloux de la France. Chaque fois que l'étranger est venu dans le pays où il a tout brisé, pillé et volé, c'est qu'il profitait de nos luttes intérieures qui divisaient nos forces ; quand tout le monde s'entendra, la France sera ce qu'elle doit toujours être, la plus forte puissance du monde ; l'étranger le sait bien, il la redoutera, et, quand il le faudra, elle obtiendra de ses voisins tout ce qu'elle voudra, par la crainte et sans tirer un seul coup de fusil ; il n'y aura plus de guerres et par conséquent presque plus d'impôts, car c'est la guerre qui mange le plus d'argent ; il y aura moins de soldats en France, nos fils resteront près de nous ; il y aura davantage de travailleurs dans les champs, les familles seront complètes et nous vivrons plus à l'aise; voilà ce que veut l'Empereur.

JEAN LE MALIN. — Nous pourrions aussi obtenir cela par la République.

PIERRE BONHOMME. — La République! que dites-vous là, malheureux ? C'est d'elle que viennent toujours toutes les calamités de la France ; chaque fois qu'il y a eu république il y a eu guerre partout; moi qui suis vieux, j'en ai vu des républiques ; c'est toujours les mauvaises gens qui n'ont rien fait de leur vie et qui veulent prendre aux autres ce que ceux-ci ont gagné à la sueur de leur front, qui demandent la république ; il y a toujours dans les villages plusieurs de ces hommes qui veulent le mal, ce sont les imbéciles qui se laissent mener par eux, les honnêtes gens veulent le calme avant tout, et par le *Plébiscite*, l'Empereur nous demande si nous en voulons.

JEAN LE MALIN. — Alors vous voterez **OUI**?

PIERRE BONHOMME. — Certainement et des deux mains, parce qu'en disant **OUI**, nous assurons la tranquillité et les bonnes choses viendront vite, les bras étant plus nombreux les maisons seront plus belles, les bestiaux plus gras, les provisions plus nombreuses ; il n'y aura de mécontents que ceux qui voudront l'être quand même. ceux qui préfèrent la fainéantise au travail honnête.

JEAN LE MALIN.— C'est égal; malgré tout ce que vous direz vous ne me convaincrez pas ; il y a des journaux qui disent un tas de choses opposées à l'Empereur.

PIERRE BONHOMME. — Faut-il les croire pour cela !

JEAN LE MALIN. — Prétendez-vous qu'ils ne disent pas la vérité?

Pierre Bonhomme. — Oui, ils mentent, parce qu'ils blâment toutes les bonnes choses et même la religion, ce sont de mauvaises gens qui font les mauvais journaux, car il n'y a que les mauvais qui sont toujours jaloux des bons. Est-ce vrai ?

Jean le Malin. — Oui, c'est vrai ; alors, d'après votre avis, il ne faut pas que je vote Non ?

Pierre Bonhomme. — C'est mon avis.

Jean le Malin. — Mais, entre ne pas dire Non et dire Oui, je peux faire aussi comme *Jacques Ça M'est Egal*, je puis *m'abstenir* ?

Pierre Bonhomme. — Gardez-vous en bien, et, j'en suis certain, *Jacques Ça M'est Egal* ne s'abstiendra pas ; au point où nous en sommes, les électeurs ne peuvent pas demeurer indifférents. *Jacques Ça M'est Egal* a du bien, si les mauvaises gens se trouvaient en majorité il y aurait bien vite des troubles dans toute la France, et après cela des calamités et de la ruine ; tous ceux qui possèdent quelque chose, si peu que ce soit, quand ce ne serait qu'une vache ou un pourceau, ont intérêt à le conserver ; ils diront **OUI**, parce que ce **OUI**, que demande le *Plébiscite*, c'est la tranquillité pour tous les honnêtes gens.

JACQUES ÇA M'EST ÉGAL, — Ah mais, alors je ne m'abstiens plus moi, j'aime à être tranquille, et je voterai **OUI**.

PIERRE BONHOMME. — Et vous ferez bien car les gens qui disent qu'il faut s'abstenir sont ceux qui sont certains que l'Empereur aura une très grande majorité ; les meneurs se voyant près d'être vaincus veulent amoindrir la victoire des honnêtes gens ; donc, *s'abstenir* c'est malgré soi faire du tort, il faut voter, et voter **OUI** pour montrer au monde entier qu'en France les honnêtes gens sont beaucoup plus nombreux que les mauvais.

JACQUES ÇA M'EST ÉGAL. — C'est dit, je ne m'abstiens plus, je voterai avec vous, je dirai **OUI** des deux mains.

PIERRE BONHOMME. — Vous avez raison, surtout évitez ces meneurs qui, au moment des votes, rôdent dans les campagnes ; ce sont des gens qui viennent chez nous pour allumer le mal ; qui sait d'où ils sortent? On ne les connaît pas ; ils apportent de mauvais journaux qui ne convainquent que les mauvais électeurs ou les faibles d'esprit, et voyez, il n'y a que les paresseux ou les ivrognes qui les écoutent, comme JEAN LE MALIN ; il faut prendre pitié d'eux et ne pas s'en occuper davantage ; *ne nous abstenons pas et votons* **OUI**.

Il y en a d'autres aussi qui parlent de faire revenir les anciens souverains, et qui disent que pour cela il faut vôter *Non* ; ils vous promettent tout de suite un tas de choses qu'ils ne pourront tenir, car l'Empereur a mis vingt-deux ans à en arriver où nous en sommes ; avec un autre souverain tout serait à recommencer et à refaire et nous n'aurions rien à espérer avant longtemps ; profitons donc de ce qui est fait : *un bon tiens vaut mieux que deux tu l'auras.*

Votons :

Paris. — Imp. Ch. Schiller, Faub.-Montmartre, n° 10.